Contratos de Parceria Público-Privada
Análise da Inovação e Eficácia no Ordenamento Nacional e Direito Comparado

Benedito Villela Alves Costa Junior
Karen Aline Jardim dos Santos

2018

© by Benedito Villela e Karen Jardim

Primeira edição
Todos os direitos desta edição reservados aos autores

Revisão: Karen Aline Jardim dos Santos
Imagem de Capa: Karen Aline Jardim dos Santos

1. Parceria Público-Privada. **2.** Contratos. **3.** Direito Privado. **4.** Direito Comparado.

Dedico esse livro à memória da minha Mãe Wania, minha primeira e maior professora, ao meu Pai Benedicto que sempre demonstrou o valor do pragmatismo e à minha Esposa Renata, que com seu amor e seu apoio me permite estruturar sonhos cada vez mais altos, bem como aos nossos filhotes B., L., e R.

Benedito Villela

Dedico a minha participação nesta obra à minha Mãe Filomena, que de maneira excepcional me ensinou a como viver e a traçar meu caminho, em busca de meus sonhos, à memória de meu Pai Pedro, inspiração onipresente, à minha Noiva Nadia, pela beleza e infindável sabedoria que traz ao meu viver, e às minhas Irmãs Cibele e Nicoly, por mostrar o lado belo da vida.

Karen Jardim

AGRADECIMENTOS

Gostaria de agradecer à minha Esposa Renata pelo apoio constante a me incentivar na busca pela minha voz, bem como à minha Coautora, Editora e Revisora Karen Jardim por me ajudar a colocar esse projeto de pé. Que seja o primeiro de muitos. Gostaria de agradecer ainda à Amazon, que viabiliza a divulgação de conhecimento e a PUC, minha Alma Mater que foi o celeiro desse estudo.

Benedito Villela

AGRADECIMENTOS

Agradeço imensamente à minha Noiva Nadia, por sempre tornar os dias mais belos e permanecer por perto em qualquer momento, acreditando que eu poderia eternizar meus pensamentos, análises e críticas em um punhado de palavras. Da mesma forma, agradeço ao meu Coautor, por me permitir fazer parte deste projeto e apostar no meu trabalho desde o início de nossa convivência, que se perpetuará.

Karen Jardim

INTRODUÇÃO

Dizia Machado de Assis que o menino é o pai do homem. Da mesma forma, são as escolhas tomadas na maturação democrática de um país que irão levar o mesmo aos erros e acertos futuros.

Em vista disso, comemorados os 30 anos da Constituição Federal do Brasil, durante a maior crise social, democrática, política e econômica dessas três décadas, se faz útil lançar um olhar crítico para o panorama legislativo e econômico de quando foi promulgada uma das principais legislações administrativas que tinha por escopo melhorar o cenário brasileiro, a Lei nº 11.079 de 30 de Dezembro de 2004, que instituiu normas gerais para licitação e contratação de parceria público-privada no âmbito da administração pública, e que acabou sendo um dos muitos instrumentos para o caos atual.

Assim, essa publicação trata do resgate de um breve, porém tempestivo estudo sobre os motivos que levaram à promulgação de tal lei, o que se pensava e como o mundo tratava a questão 14 anos atrás, com o intuito que essas palavras ajudem a instigar ideias e evitar armadilhas para os desafios teóricos e práticos do nosso Brasil atual e futuro.

SUMÁRIO

I. CONTEXTUALIZANDO – PARCERIAS POLÍTICO PRIVADAS
1.1. O contexto político e a Lei Brasileira das PPPs até 2007
1.2. Origem histórica e conceituação do instituto da PPP
1.3. Considerações gerais acerca dos Contratos de PPP

III. SEMELHANÇAS E DIFERENÇAS DOS CONTRATOS DE PPP PARA OS DEMAIS CONTRATOS ADMINISTRATIVOS
2.1. A Lei de PPP versus a Lei de Licitações

III. DIREITO COMPARADO
3.1. PPP no Direito Comparado

IV. ANALISANDO A EXPERIÊNCIA INTERNACIONAL
4.1. A Experiência da Inglaterra
4.2. A Experiência da Portugal
4.3. A Experiência do Chile
4.4. A Experiência da França

V. ANÁLISE DA APLICAÇÃO DA PPP NO MUNDO
5.1. Uma visão da aplicação da Parceria Público-Privada no mundo

VI. CONSIDERAÇÕES FINAIS

VII. BIBLIOGRAFIA

I. CONTEXTUALIZANDO – PARCERIAS POLÍTICO PRIVADAS

1.1. O contexto político e a Lei Brasileira das PPPs até 2007

O mundo está mudando e, nesse contexto, o Brasil vem mudando junto. Muitas vezes, entretanto, valendo-se das benesses da conjuntura econômica mundial, meramente como um expectador premiado. Esta constante observação do cenário mundial acabou por despertar a consciência da necessidade de um esforço próprio, já que de nada adianta os investimentos mundiais migrarem para os países em desenvolvimento, em especial para o bloco conhecido como BRIC (Brasil, Rússia, Índia e China), se no Brasil tais investimentos sempre esbarram no gargalo da infraestrutura. De que adianta aumentar a produção se o escoamento da mesma está lento? Essa realidade de infraestrutura deficitária acaba fazendo com que o grande investidor acabe preterindo o Brasil em prol dos outros países.

Sanar gargalos de infraestrutura demanda montantes imensos de recursos financeiros, tempo e habilitação. O Estado Brasileiro, falido e doente pela estrutura política ineficaz e parasitária que carrega, não tinha condições de realizar tais investimentos. Qual foi, então, a solução encontrada? Apelar para o setor privado, fonte inesgotável de recursos e soluções. Como chamar o particular para participar dos arriscados empreendimentos estatais, sendo que pelo Poder do Príncipe, pela soberania estatal e pela supremacia dos interesses públicos sobre o privado, o particular não teria como fazer valer seus direitos, ainda que legalmente constituídos, sobrando-lhe como forma de satisfação financeira os míticos precatórios?

Simples. Bastou instrumentalizar uma forma do Estado se colocar no mesmo patamar do particular, na medida do possível, e com ele dividir ônus e bônus das empreitadas. Para tanto, essa solução utilizou-se das já internacionalmente conhecidas Parcerias Público-Privadas, ou simplesmente, PPP.

Assim, em 30 de Dezembro de 2004, foi promulgada a Lei nº 11.079, que *"Institui normas gerais para licitação e contratação de parceria público-privada no âmbito da administração pública"* ou, como ficou conhecida, a **Lei das PPPs**.

Embora promulgada ainda em 2004, essa Lei vem enfrentando uma série de desafios, dentre os quais a fascinação de políticos querendo tirar vantagem dessa nova forma para ganhar dinheiro e status político; bem como a ignorância de seus mecanismos de funcionamento, suas garantias e procedimentos. Isso se pode verificar em prefeitos de cidades minúsculas que não sabem nem como organizar uma licitação tentando implementar uma PPP, porque a mesma "está na moda" e vem sendo muito falada.

Por outro lado, existe um movimento político governamental que deve, certamente, incentivar a adoção de parcerias público privadas, que é o chamado **PAC do Governo Federal**. PAC é a sigla do **Programa de Aceleração do Crescimento**, criado para focar os esforços do governo em obras que privilegiem a infraestrutura nacional, seja ampliando determinados setores da infraestrutura, seja desenvolvendo-os e atualizando-os, seja criando novas tecnologias, enfim, priorizando as obras voltadas aos portos, aeroportos, saneamento básico, construção de usinas hidroelétricas, estradas, rodovias, metro vias etc. Todos esses setores necessitam de investimentos de peso e habilitação técnica especializada, o que demanda contratações vultosas, que geralmente oneram sobremaneira qualquer governo, o que faz essa demanda se conciliar de forma perfeita com a Lei das PPPs.

De qualquer forma, por mais bem intencionada que seja a lei, será o bom senso dos representantes do povo que vai fazer essa lei ser consagrada, deturpada, esquecida ou mesmo cair em desuso.

1.2. Origem histórica e conceituação do instituto da PPP

A PPP - Parceria Público-Privada teve origem na Europa, diante dos desafios encontrados pela Inglaterra na busca de caminhos para fomentar investimentos sem comprometer os escassos recursos públicos. Na Inglaterra, a PPP foi um estágio intermediário entre a concessão de serviços públicos e a privatização.

A Parceria Público-Privada é uma instituição muito antiga. Na história do Brasil, ela teve inicio com a chegada dos portugueses ao Brasil, pois, como sabemos, eles aqui aportaram em várias caravelas financiadas por armadores portugueses e comerciantes interessados no lucro das especiarias, associados ao Reino de Portugal, este, por sua vez, interessado no Caminho das Índias e em novas terras. Portanto, o nosso país teve início no bojo de uma PPP.

Por volta de 1930, o Estado brasileiro era o principal agente produtor e fomentador da economia nacional, via industrialização. A montagem desta infraestrutura coube ao Estado, primeiro porque o volume de investimentos a ser aplicado era altíssimo e seu retorno muito lento e, segundo, porque o setor privado nacional não tinha condições de fazê-lo.

Até o final da década de 1980 não existia motivo para suspeitar da atuação da Administração Pública na prestação direta de serviços públicos. A realidade mudou com o esgotamento das fontes internacionais de recursos disponíveis nas décadas de 1950 e 1970, e a estagnação estrutural da administração como um todo.

Em pouco menos de uma década o processo de paralisia dos serviços públicos essenciais de infraestrutura, como os de transporte, energia, telecomunicação, petróleo, saneamento básico, dentre outros, chegou ao limite da responsabilidade da administração, próximos de um colapso na sua disponibilização para a sociedade em geral.

A década de 1990 foi marcada pela tentativa de transformar o Estado e racionalizar o setor público, implantando a privatização e concedendo os setores estratégicos de infraestrutura, mantendo sob o encargo da administração pública apenas os meios institucionais de controle e regulação. Portanto, o Estado assume um papel de mediador de forças entre os vários segmentos sociais e econômicos. Isto se dá, já que o Estado é a representação do corpo social e a convergência de ideologias, em busca de harmonia e equilíbrio estrutural, ou seja, não é um ente isolado e abstrato.

Para o setor público existe a obrigação perpétua de prestar o serviço adequado às necessidades básicas e fundamentais da comunidade, definida legalmente, independentemente dos excessos de burocracia na sua atuação e lentidão das decisões que toma. Nesse contexto, precisava-se atrair o investimento privado para auxiliar o Estado no cumprimento dessas obrigações.

No Brasil, no período entre o final do século XIX e início do XX, encontram-se exemplos que podem ser consideradas como as primeiras PPPs que se formaram, já que a implantação de alguns serviços públicos foi realizada por capital privado, havendo assim uma alternância de capital na prestação de serviços para a sociedade em geral. São exemplos das primeiras PPPs no Brasil:

(i) Instalação das redes ferroviárias, cujo capital privado implantava e operava as redes, como a São Paulo Railway Company; e,

(ii) Distribuição da energia elétrica e gás, pela Companhia Light and Power, que controlou durante décadas em São Paulo e no Rio de Janeiro o fornecimento daqueles serviços.

1.3. Considerações gerais acerca dos Contratos de PPP

As PPPs são arranjos interorganizacionais que envolvem também entes do terceiro setor. Assim, podem ser incluídas no conceito de PPP parcerias com naturezas distintas e atores diferenciados. É possível encontrar diversos tipos de PPP envolvendo governos federais, estaduais e municipais, universidades, escolas e empresas privadas na realização de projetos que vão desde o apoio a programas de escolas públicas até a construção e operação de hospitais ou grandes projetos de infraestrutura.

Observam-se claramente, porém, dois grandes grupos de parcerias que estão sendo chamados mais genericamente por Parcerias Público-Privadas: as iniciativas de financiamento privado (Private Finance Iniciatives ou PFIs) e as Parcerias para Desenvolvimento Econômico. Constata-se, ainda, a existência de três dimensões presentes em maior ou menor grau em todos os tipos de PPP: a econômica, a social e a tecnológica. Os vários tipos de PPPs se diferem na ênfase colocada nessas respectivas dimensões. A lei em discussão no Brasil contempla a primeira delas, as PFIs.

As PFIs constituem relações contratuais de longo prazo nas quais, em geral, o setor privado investe em estruturas para a prestação do serviço público. Entretanto, é possível encontrar modelos de PFI bastante diferenciados quanto à estrutura, à gestão e ao modelo de licitação. Os argumentos a favor de sua utilização situam-se, em geral, em torno de três pontos: o primeiro refere-se à possibilidade de o setor privado transferir para o setor público características estimuladoras da inovação e habilidades gerenciais que, em conjunto, incorporariam um nível mais elevado de eficiência nos serviços públicos; o segundo argumento é que sendo utilizados recursos de entes privados para a realização de determinados serviços públicos, ao setor público restariam recursos fiscais para investimentos em outras áreas. Esse segundo argumento tende a ignorar o dilema da determinação sobre o retorno do investimento justo do parceiro privado *versus* taxas justas pagas pelos usuários do serviço.

Já o terceiro argumento focaliza a questão da distribuição de riscos entre as partes, buscando alocá-los à parte que tem os menores custos para suportá-los. Há lições relevantes a serem aprendidas com as experiências de privatização e concessão, especificamente ao redor das dificuldades relacionadas à avaliação de risco e à determinação de preço satisfatório tanto aos propósitos públicos quanto aos privados.

De fato, as dificuldades de formatar as PFIs são grandes e incluem, também, a própria natureza fundamentalmente diversa dos atores envolvidos. Os setores público e privado possuem, respectivamente, características e objetivos próprios, exclusivos e diferenciadores. Em linhas gerais, pode-se dizer que enquanto o setor privado possui objetivos <u>primordialmente econômicos</u>, os objetivos finais do setor público são <u>basicamente sociais</u>. Importante, também ressaltar a tensão entre os valores de flexibilidade e *accountability* (responsabilização), e os diferentes pesos atribuídos a esses valores entre os setores público e privado, claramente identificáveis em termos de tratamento de temas como conflitos de interesse, atividades políticas, normas e procedimentos, pessoal e processos de tomada de decisão.

As parcerias público-privadas podem, sim, ser uma boa ideia, trazendo benefícios para ambos os setores. No entanto, existe uma variedade de maneiras de abordar a licitação, estrutura e gestão desse tipo de relação na procura dos arranjos que melhor atendam as necessidades das partes ao longo da parceria. A determinação de quais melhor servem as necessidades da sociedade brasileira requer um debate aberto e informado sobre as alternativas disponíveis.

As PPPs são parcerias entre os setores público e privado nas quais o governo especifica o serviço a ser ofertado e um mesmo agente do setor privado desenha, financia, constrói, explora e disponibiliza para a população o ativo que será utilizado para ofertar o serviço. A propriedade do ativo ao longo do contrato permanece com o parceiro privado, e o retorno do investimento é obtido mediante cobrança de tarifa do público e/ou transferência de recursos do orçamento público. Ou seja, as PPPs são uma junção de **licitação e concessão**.

Em meio a essa discussão, é importante refletir: que vantagens as PPPs podem trazer ao país? Sem dúvidas, a principal vantagem das PPPs decorre da impossibilidade prática de desenhar contratos completos, ou seja, contratos que sejam capazes de prever todos os aspectos necessários para que os objetivos sejam atingidos, todos os eventos futuros que irão afetar a lucratividade do investimento etc. Devido a essa impossibilidade, o construtor e/ou ofertante do serviço poderá modificar as condições inicialmente contratadas, dentro de certos limites, sem que esteja violando o contrato. Isso gera dois tipos de incentivo para o investidor privado:

1) realizar investimentos que reduzem o custo e, simultaneamente, aumentam a qualidade dos serviços ofertados (utilizar tecnologia que minimize o custo de construção e, ao mesmo tempo, aumente a qualidade da obra); e,

2) realizar investimentos que reduzem o custo e, simultaneamente, diminuem a qualidade dos serviços (utilizar material de pior qualidade na construção da obra).

A existência de incentivos para esses dois tipos de investimento pode transformar a PPP em uma opção de contrato que gera maior eficiência microeconômica do que a combinação de licitação com concessão. Isso ocorre se a qualidade da obra estiver diretamente relacionada ao custo de oferecer o serviço nas condições desejadas pelo poder público e essas condições puderem ser explicitadas em contrato antes da realização da obra. Nessas condições, uma PPP conseguirá fazer com que o parceiro privado tenha incentivo para minimizar o custo de construção do ativo e maximizar sua qualidade, sem que o governo tenha de fiscalizar a obra, pois o custo de manter a qualidade do serviço dentro do contratado depende diretamente da qualidade da obra, tendo apenas que verificar se os indicadores de qualidade do serviço estão sendo devidamente cumpridos depois do início da operação do ativo.

É importante notar que o ganho de eficiência microeconômica das PPPs decorre do fato de que o mesmo agente privado irá construir e utilizar o ativo posteriormente para ofertar o serviço, que é o objetivo do contrato. Ou seja, não existe separação entre essas duas atividades. Os contratos de PPPs somente devem ser utilizados para a construção e a operação de ativos pelo mesmo agente privado, para oferecer serviços públicos cuja taxa de retorno social é maior que a taxa de retorno privada.

Além da maior eficiência microeconômica, as PPPs têm a vantagem de a obra ser financiada com recursos privados, o que permite ao governo aumentar o investimento em infraestrutura sem aumentar seu endividamento, utilizar a maior capacidade administrativa e de inovação e transferir pelo menos parte do risco do investimento para o setor privado. Para o setor privado, as PPPs abrem novas oportunidades de investimento em áreas que sempre foram monopólio do investimento público.

Apesar dessas vantagens, as PPPs apresentam riscos importantes, do ponto de vista fiscal. O tratamento fiscal das PPPs depende de quanto dos riscos do empreendimento será transferido para o setor privado. Existem diferentes tipos de risco em PPPs:

a) de construção (desenho, custos, prazos de construção etc.);

b) financeiro (variação da taxa de juros, da taxa de câmbio etc.);

c) de *performance* (viabilização do ativo no momento certo, qualidade na provisão do serviço etc.);

d) demanda (qual a demanda futura pelo serviço);

e) correspondente à definição do valor residual do ativo, no final do contrato.

Quanto menor a parcela dos riscos transferida para o setor privado, mais o investimento se assemelha a um investimento público. No limite, quando todo o risco é assumido pelo setor público, o investimento, ainda que tenha sido financiado privadamente, deveria ser contabilizado como investimento público, na forma de um "empréstimo imputado" do parceiro privado. Porém, como cada contrato de PPP deverá definir diferentes níveis de transferência de risco, é difícil definir uma regra geral na legislação. Daí a necessidade de estabelecer uma regra capaz de limitar a utilização das PPPs para "disfarçar" investimentos públicos como se fossem privados. A solução que foi apresentada no Senado, de contabilizar os desembolsos de cada projeto como gasto corrente, a cada momento da duração do contrato, e estipular um percentual máximo da receita do governo que poderia ser gasto em PPPs é uma opção que, pelo menos, limita o risco incorrido.

Um segundo risco é a utilização de bancos oficiais (BB, CEF, BNDES) e fundos de pensão de empresas estatais (Previ, Funcef, Petros, Fapes etc.) como financiadores ou parceiros dos contratos de PPPs. Nesse caso, a divisão de riscos não é clara. Em caso de fracasso do investimento, quem arca com o risco de crédito? No caso dos fundos de pensão, o Estado poderá ter que cobrir *déficits* futuros desses fundos devido a fracassos em projetos de PPPs. Os resultados do programa de privatizações do governo anterior mostram que esse não um risco desprezível. Especificar limites para a participação dessas instituições nas PPPs é uma condição fundamental para que haja efetiva transferência de risco para o setor privado.

Em suma, as PPPs compõem um tipo de contrato que pode gerar eficiência microeconômica na provisão de determinados serviços públicos, cuja taxa de retorno privada é muito baixa e menor que a taxa de retorno social. Nesse sentido, desenhar uma institucionalidade que consiga minimizar os riscos fiscais envolvidos poderá trazer um ganho importante no sentido de incentivar investimentos privados em infraestrutura pública de forma eficiente.

II. SEMELHANÇAS E DIFERENÇAS DOS CONTRATOS DE PPP PARA OS DEMAIS CONTRATOS ADMINISTRATIVOS

2.1. A Lei de PPP versus a Lei de Licitações

O marco regulatório das contratações públicas brasileiras encontra-se unificado na Lei nº 8.666 e Lei nº 8.987, ambas editadas ainda na primeira metade da década de 1990; na tentativa de atender à necessidade de investimentos em infraestrutura, a lei das PPP traz em seu texto a ideia de complemento desse marco regulatório, melhorando as condições contratuais da administração em relação à infraestrutura nacional e de prestação de serviços de interesse público.

Nesse contexto é importante comparar as regras em vigor sobre licitações e contratos (Lei nº 8.666/93) e sobre concessões (Lei nº 8.987/95), com a Lei nº 11.079/04.

Em primeiro lugar, a lei inova ao repartir a responsabilidade entre o parceiro privado e o público. Nos contratos regidos pela Lei de Licitação, o contratado, geralmente uma pessoa jurídica, é responsável pelos danos causados diretamente à administração ou a terceiros, decorrentes por culpa ou dolo na execução do contrato. No contrato de concessão, a concessionária responde por todos os prejuízos causados ao poder cedente, aos usuários ou a terceiros, sem que a fiscalização exercida pelo órgão competente exclua ou atenue esta responsabilidade.

Esta distribuição equânime entre os parceiros também se estende aos riscos do negócio e à qualidade e eficiência da obra/serviço. Hipoteticamente vislumbra-se a possibilidade de repartirem-se os riscos de acordo com a capacidade dos parceiros em suportá-los. Nos contratos originários das leis de licitação e de concessão os riscos são assumidos inteiramente pelo contratado. Esta inovação pretende garantir maior atrativo para os potenciais parceiros privados.

A remuneração do parceiro privado é outro ponto de complemento do atual marco regulatório. Ela poderá variar conforme o objeto da parceria, se ajustando às necessidades do contrato e às suas variadas formas, tais como: ordem bancária; cessão de créditos não tributários; outorga de direitos em face da administração pública; outorga de direitos sobre bens públicos ou outros meios admitidos em lei. A lei estipula, ainda, que o prazo de vigência do contrato administrativo deverá ser compatível com a amortização dos investimentos realizados pelo parceiro privado.

Questão polêmica das PPP se refere à definição das garantias do parceiro privado. Questionou-se que a previsão de garantias como a vinculação de receitas e instituição ou utilização de fundos especiais. Isto porque tais garantias são distintas, leia-se maiores, daquelas previstas para os contratos constituídos pelas leis de licitação e de concessão. Contudo, deve-se ter em conta, como pressuposto crítico, que o contrato de parceria constitui-se de forma distinta daqueles, podendo ser todo ele financiado pelo parceiro privado.

A rigor, a contratação do parceiro privado seguirá os mesmos trâmites previstos na Lei de Licitação. Porém, diferentemente da legislação atual, qualquer interessado poderá propor projeto de PPP e participar da respectiva licitação. Vale ressaltar, ainda, duas inovações em relação ao atual marco legal: **(i)** a necessidade de constituição de sociedade de propósito específico (SPE) para implantar ou gerir o objeto do contrato, com adoção de contabilidade e demonstração financeira padronizadas; e **(ii)** a possibilidade da adoção da arbitragem para solução dos conflitos decorrentes da execução do contrato. Essa segunda novidade é seguramente o ponto mais importante de distinção com a atual legislação que, conservadoramente, rejeita a arbitragem para cuidar dos contratos administrativos em geral.

As penalidades nas PPPs serão determinadas contratualmente, aplicáveis tanto à administração pública quanto ao parceiro privado, de forma equilibrada, na hipótese de inadimplemento das obrigações contratuais, como parcialmente se permite fazer, com menos liberdade, nos contratos de concessão. As penalidades para os contratos regidos pela Lei de Licitação estão previamente definidas na legislação, como aplicação de multa de mora, suspensão temporária de participação em licitação e impedimento de contratar com a administração.

No que diz respeito à fiscalização do cumprimento das parcerias contratadas, a lei prevê como competentes para tal função os ministérios e as agências reguladoras, nas suas respectivas áreas de competência. No contrato regido exclusivamente pela Lei de Licitação, sua execução é acompanhada e fiscalizada por um representante da administração, permitido o subsidio de terceiros para assisti-lo. Na concessão, a fiscalização do serviço pode ser feita por órgão técnico do poder concedente, entidade conveniada, e por comissão composta de representantes do poder concedente, da concessionária e dos usuários.

III. DIREITO COMPARADO

3.1. PPP no Direito Comparado

As duas últimas décadas do século passado foram marcadas por profundas transformações econômicas que modificaram profundamente o Estado e a Sociedade em diversos países do mundo. Buscando superar a grande crise do modelo econômico do pós-guerra, quando todo o mundo capitalista avançado caiu numa grande e profunda recessão, diversas nações capitalistas centrais e também periféricas implementaram um amplo programa de reformas orientadas para o mercado.

Embora apresentem significativas diferenças em cada país onde foram introduzidas, de modo geral este pacote de medidas foi marcado pela severa contração da emissão monetária, elevação da taxa de juros, drástica redução de impostos sobre altos rendimentos, desregulamentação absoluta dos fluxos financeiros, criação de níveis de desemprego massivos, reformas na legislação trabalhista e corte nos gastos sociais.

Paralelamente a todas essas mudanças, ocorre uma tremenda transformação na forma de intervenção do Estado na atividade econômica, ou melhor, em muitos casos o que ocorreu foi a quase extinção de qualquer tipo de intervenção.

Componentes importantes deste processo, as políticas de nacionalização europeias, bem como as políticas de regulação americanas, passaram a ser revistas, dando lugar a uma série de transformações introduzidas mediante os processos de privatização[1] (ou re-privatizações) na Europa e de desregulação nos Estados Unidos (FARIA, 2002, p.8). O que se presencia a partir daí são grandes processos de desestatização, que interferem decisivamente na forma de provimento de bens e serviços públicos, configurando assim uma forte tendência de reorganização patrimonial do setor público.

Cada uma dessas experiências de redução do grau de intervenção e de mudanças na forma de intervenção do Estado na economia, conforme esclarece Mattos (2002, p. 55), constituíram respostas dos países capitalistas à crise do Estado, a partir do final da década de 1970 e ao longo da década de 1980, e à globalização econômica, principalmente ao longo dos anos 1990[2].

---

[1] A forma de intervenção do Estado na economia estava, até a década de 1980, fundamentalmente baseada nas políticas econômicas de nacionalização, na Europa, e regulação, nos Estados Unidos. Ambas tinham suas bases teóricas na ideia de rígido controle do desenvolvimento econômico por parte do Estado. Contudo, a prática de cada uma dessas políticas e seus efeitos foram distintos.

[2] Segundo o Banco Mundial, 15.000(quinze mil) empresas públicas foram privatizadas, no mundo, em 1990. O total mundial acumulado de todas as operações de privatização se elevou a 328 bilhões de dólares durante o período de 1985/1992. (cf. *Les privatisations em France, cooditanion Fabrice DION, La documentation*

Essa redução do tamanho e da capacidade de intervenção do Estado é realizada, de um lado via privatização, que se traduz na transferência, por venda ou concessão de empresas estatais à iniciativa privada e, de outro lado, por meio de mudanças na modalidade de gestão dos ativos públicos como opção estratégica.

Esse novo contexto internacional irá afetar de forma dramática os países periféricos e em desenvolvimento, pois pelo fato de não possuírem um nível satisfatório de poupança interna, passam a depender cada vez mais da atração de capital externo para o financiamento do seu processo de desenvolvimento e das suas políticas públicas.

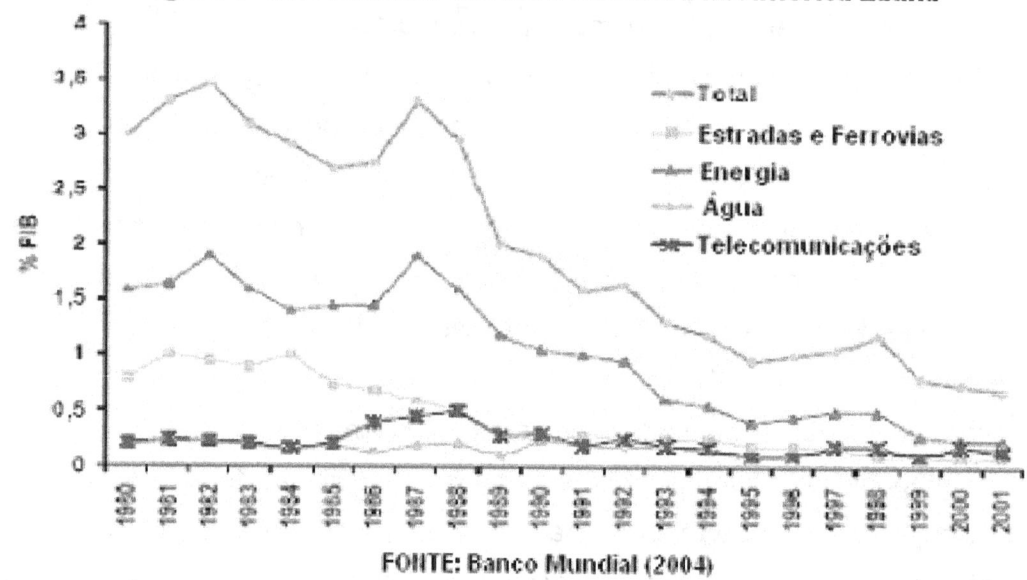

Figura 1 - Investimento em Infra-Estrutura na América Latina

FONTE: Banco Mundial (2004)

As reestruturações patrimoniais e restrições fiscais impactaram fortemente as formas de financiamento dos serviços de infraestrutura, como pode ser visto na Figura 1. Por representarem projetos de grande porte e longo período de maturação, de um lado, e com importância estratégica pelas externalidades e ganhos de eficiência associados, de outro, as atividades estatais nesse campo vão sofrer profundas mudanças, conforme avaliam Brito e Silveira (2005, p.8).

Apesar de todas as reformas estruturais e do estabelecimento dos marcos regulatórios, de modo geral, como podemos constatar na Figura 2, os investimentos privados não conseguiram compensar a drástica redução dos níveis de investimento do setor público, os quais foram gradativamente se restringindo a níveis muito abaixo do mínimo necessário ao funcionamento regular da economia e do atendimento das demandas da sociedade.

Figura 2 - Investimento em Infra-Estrutura na América Latina

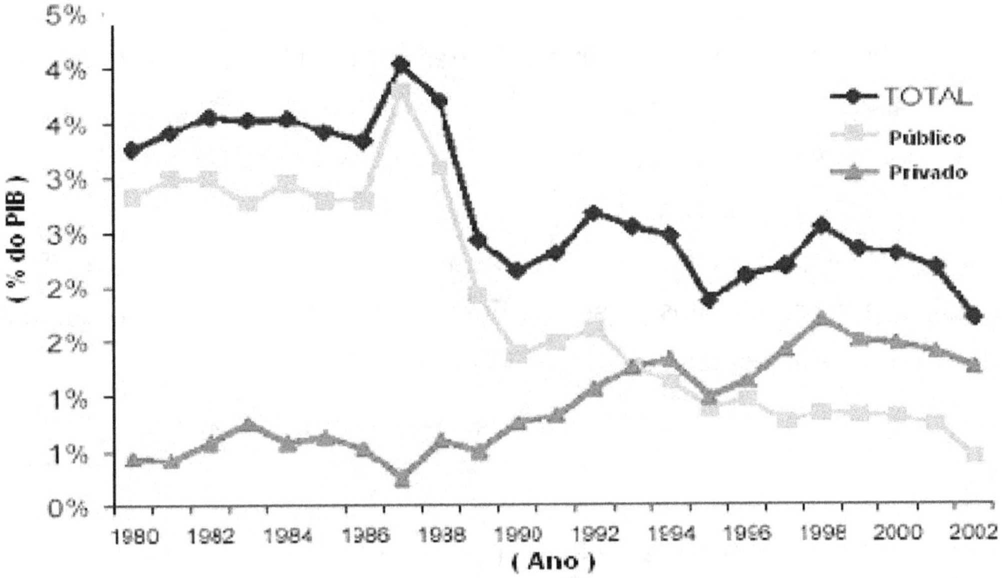

FONTE: Banco Mundial (2004)

É neste ambiente de severa dificuldade de financiamento estatal que a parceria com o setor privado começa a se desenvolver. A Parceria Público-Privada – PPP - se apresenta então como **uma nova modalidade de delegação de atividades**, tradicionalmente executadas pelo setor público, que passam para a esfera de ação do setor privado.

Mais do que uma opção político-ideológica, a parceria com o setor privado passará a ser identificada por diversos governos como sendo uma grande alternativa para viabilizar projetos de infraestrutura e de provisão de serviços públicos requeridos pela sociedade.

Embora não se ignore os diversos tipos de PPP existentes, de modo geral podemos conceituá-la como sendo um novo modelo de delegação, em que o particular assume o risco de projetar, financiar, construir e operar um determinado empreendimento de interesse público, podendo compartilhar este risco com o Estado. Mantendo a propriedade após a conclusão do empreendimento, o parceiro privado coloca os seus serviços à disposição do Estado ou da comunidade mediante um contrato de operação de longo prazo, fazendo jus a uma remuneração periódica do Estado, conforme o atendimento de metas e requisitos previamente acordados.

IV. ANALISANDO A EXPERIÊNCIA INTERNACIONAL

Concebida na Inglaterra no início da década de 1990 e já tendo sido adotada em diversos países, como Portugal, Holanda, Irlanda, África do Sul e Canadá, as parceria público-privadas construíram um histórico de sucessos, mas também de alguns tropeços diante do cenário internacional.

Longe de representar exclusividade das nações desenvolvidas, a PPP já constitui uma realidade importante nos países da Europa Central e da própria América Latina, com destaque para México e Chile[3].

Tabela 1 - Experiências Internacionais em PPP

	RODOVIA	FERROVIA	ÁGUA	LIXO	ENERGIA	SAÚDE	EDUCAÇÃO	PRISÕES	DEFESA	ADMINISTRAÇÃO
AUSTRALIA	X	X	X			X		X	X	
BELGICA	X		X	X	X					
CANADA	X	X	X	X				X		X
FINLANDIA	X					X				X
FRANÇA	X		X							
ALEMANHA	X		X							
GRECIA	X	X								
HOLANDA	X									
IRLANDA	X		X		X			X		X
ITALIA		X		X						
PORTUGAL	X		X							
AFRICA DO SUL	X		X					X		
ESPANHA	X	X	X		X					
REINO UNIDO	X	X	X	X	X	X	X	X	X	X
ESTADOS UNIDOS	X		X					X		

FONTE: Pricewaterhousecoopers (2001) apud MEDEIROS (2004)

O interesse internacional em PPP pode ser atribuído principalmente a três fatores[4]: o primeiro deles está associado à **necessidade de investimento**, tendo em vista que o crescimento econômico é altamente dependente do desenvolvimento e aperfeiçoamento da infraestrutura, particularmente em serviços púbicos (como energia elétrica, água e telecomunicações) e sistemas de transportes. Além disso, existe em diversos países uma necessidade urgente de novas infraestruturas sociais, como hospitais e equipamentos de

---

[3] "A América Latina é a região em que o programa de desintervenção dos setores produtivos, mediante privatização de propriedade, empresas e atividades públicas, teve um alcance mais intenso e sistemático. Em contraste com os processos desenvolvidos nos países da União Européia, uma característica bastante generalizada na América Latina, assim como nos países menos desenvolvidos da região, foi à aplicação de programas de estabilização econômica." BEL e QUERALT, Germá. *Privatización, desregulación y competência*. Madrid, Civitas, 1996, p. 20.

[4] Segundo levantamentos da Comissão Européia.

assistência médica, instalações escolares e habitação. Para diversos governos, isso é encarado como a área no qual o envolvimento do setor privado é mais premente.

Por outro lado, os países têm buscado também uma **maior eficiência no uso dos recursos**, e a experiência das privatizações demonstrou que diversas atividades, mesmo as tradicionalmente assumidas pelo setor público, podem ser desempenhadas de forma mais econômica com a aplicação das disciplinas e competências administrativas do setor privado.

Por fim, existe também uma forte demanda pela geração de valor comercial para os ativos do setor público. Montantes significativos de recursos públicos são investidos no desenvolvimento de ativos como tecnologia de defesa e sistemas de informação com tecnologia de ponta, que frequentemente são usados para uma estreita faixa de aplicações dentro do setor público.

Engajar a competência do setor privado na exploração desses ativos em uma faixa mais ampla de aplicações pode levar à realização de um valor incremental substancial para o setor público.

4.1. A Experiência da Inglaterra

A experiência inglesa é a mais emblemática, pois é fruto de projetos desenvolvidos e testados há mais tempo. Em 2003, as estatísticas oficiais registravam 560 (quinhentos e sessenta) projetos em PPP implementados naquele país, envolvendo investimentos da ordem de 35 bilhões de libras.

O embrião do programa de parceria inglês, a *Private Finance Iniciative* (PFI), foi lançado ainda em 1992, sob a administração do conservador John Major. Como a própria terminologia denota, o objetivo principal era viabilizar projetos por meio do financiamento privado, uma vez que a capacidade de implementá-los de forma tradicional, se não esgotada, estava ao menos reduzida pelos limites impostos pelo tratado de Maastrich[5].

Entretanto, foi somente em 1997, já no governo do trabalhista Tony Blair, que o programa foi aprofundado. Ampliado e rebatizado de *Public-Private Partnerships* (PPP), o programa tinha por objetivo **mudar a forma de contratação de serviços públicos**, saindo da maneira tradicional de aquisição de ativos para uma lógica de compra de serviços, como diz ainda Brito e Silveira (2005, p.8). A busca por alternativas de financiamento

---

[5] Os critérios de convergência estabelecidos pelo tratado de Maastricht tinham por objetivo disciplinar a política fiscal dos países da Zona do Euro para introdução da moeda única. Entre outras medidas, impunha um teto de 3% do PIB ao déficit público. (Brito e Silveira, 2005, p. 8).

permanecia no centro da questão, mas o objetivo maior passou a ser a eficiência na contratação de serviços públicos.

Tabela 2 – Experiência de PPP no Reino Unido (1990 - 2003)

Ministérios	Projetos	Investimento (milhões de euros)	Participação
Transportes	44	56475	66,9%
Defesa	59	5965	7,1%
Saúde	152	5348	6,3%
Escócia	29	3297	3,9%
Educação	102	3016	3,6%
Interior	52	2939	3,5%
Trabalho e Previdência	7	1429	1,7%
País de Gales	17	755	0,9%
Irlanda do Norte	29	587	0,7%
Meio Ambiente	14	1487	1,8%
Outros	112	3063	3,6%
Total	617	84361	100%

FONTE: *International Financial Services* apud Jornal Valor Econômico

A experiência inglesa revelou-se tão bem sucedida que, reduzindo-se consideravelmente a percepção de risco, atualmente discutem-se como repartir entre iniciativa privada e o poder público os ganhos decorrentes de refinanciamento que permitiu a redução de taxas de juros durante a execução dos primeiros projetos de PPPs.

Todos esses precedentes permitiram o desenvolvimento de uma valiosa experiência, incluindo modelos minuciosos de contratos que, graças à padronização das melhores técnicas, atualmente são empregadas para implementar PPPs de uma forma muito mais célere, menos custosa e mais transparente para os órgãos de controle e a sociedade[6].

4.2. A Experiência de Portugal

Implementado a partir de 1997, o programa de PPP português possibilitou o rápido desenvolvimento de uma rede de rodovias de alta qualidade, o que, até 2006, representará a duplicação de toda a extensão da malha de autoestradas concedidas em um período de 10 (dez) anos. O modelo está sendo também aplicado à construção e operação de hospitais, ferrovias e trens urbanos.

O discurso oficial para implantação do programa está baseado em dois argumentos fundamentais: de um lado o diagnóstico de que nas sociedades modernas há um peso excessivo do Estado e níveis elevados de endividamento público, sem o equivalente aumento da qualidade dos serviços públicos prestados aos cidadãos. Desta forma, o governo português passa a promover uma alteração do entendimento quanto ao papel do Estado na economia e, mais genericamente, quanto à forma de satisfação das necessidades coletivas.

Por outro lado, as PPPs são apresentadas com "formas internacionalmente consagradas e testadas", de obtenção pelo Estado competências de gestão pertencentes ao setor privado, e consistem no estabelecimento de relacionamentos duradouros com privados, em regime de parceria público-privada, no âmbito dos quais lhes são transferidos os riscos, nomeadamente tecnológicos e operacionais, com os quais se encontram mais familiarizados e para cujo manuseio se encontram mais habilitados.

A legislação portuguesa entende como parceria público-privada o contrato ou a união de contratos, por via dos quais os parceiros privados se obrigam, de forma duradoura, perante um parceiro público, a assegurar o desenvolvimento de uma atividade que objetive

---

[6] De 1990 a 1993, as estatísticas apontam a conclusão de 10 projetos de PPPs pelo governo nacional, registrando um crescimento exponencial a partir de então, com 106 projetos apenas no ano de 2000. No ano seguinte, o governo inglês já havia assumido compromissos da ordem de 100 bilhões de libras em contratos de PPP com vencimentos até 2026. (MEYER e ENEI, 2004).

a satisfação de uma necessidade coletiva, e em que o financiamento e a responsabilidade pelo investimento e pela exploração serão, no todo ou em parte, do parceiro privado.

Se por um lado houve avanços na infraestrutura do país a partir da implantação dos projetos de PPP, por outro lado a experiência portuguesa nos revela **inúmeros equívocos** que servem como lição para nações que desejam implementar este tipo de programa.

Neste quesito, as experiências com as concessões rodoviárias tipo Scut (Sem Custo para o Usuário) são emblemáticas e constituem evidência objetiva da complexidade da modelagem do programa e, consequentemente, dos cuidados necessários à sua correta implementação.

Embora o esquema de Parceria Público-Privada no formato de Scut seja um conceito cuja aplicação se possa justificar em algumas circunstâncias, o programa português acabou por se transformar num verdadeiro instrumento de desequilíbrio fiscal, permitindo a construção rápida de autoestradas, mas com encargos financeiros insustentáveis para os próximos 25 (vinte e cinco) anos.

Dados do Ministério das Obras Públicas, Transportes e Comunicações – MOPTC de Portugal indicam que o modelo Scut de Parceria Público-Privada no país revelou-se **injusto**, pois algumas localidades atravessadas pelas autoestradas Scut apresentam níveis de desenvolvimento elevados em face de outras servidas por autoestradas com pedágios e ineficiente, visto que o programa de concessões Scut já criou a possibilidade de encargos extraordinários para o Estado de cerca de 1,1 bilhões de euros[7].

Grande parte dos encargos advém do direito das concessionárias em pedir reequilíbrios financeiros sempre que algum evento imprevisto faça subir o custo de construção ou exploração da autoestrada. Muitos destes custos poderiam ter sido evitados se a aprovação ambiental tivesse sido anterior ao lançamento das licitações. Para o ano de 2005, os encargos com as concessões Scut deverão atingir os 521 milhões de euros, repartidos entre remuneração (273), desapropriações (160) e reequilíbrios financeiros (88). Entre 2008 e 2023, o valor médio dos encargos anuais deverá atingir os 700 milhões de euros.

O governo português chega à conclusão da inviabilidade de manter o sistema estruturado tal como estava e elabora um diagnóstico das causas dos problemas de então, elencando um conjunto de erros que julgamos importantes reproduzir aqui: lançamento de Auto Estradas tipo Scut em número excessivo num curto espaço de tempo, dado o volume de investimento necessário face aos recursos financeiros disponíveis; incorreta repartição

---

[7] Conforme projeções do Ministério da Obras Públicas, Transportes e Comunicações de Portugal – MOPTC.

dos riscos do projeto entre o Estado e as entidades privadas; falta de preparação e quantificação da cobertura de riscos e ausência contratual da possibilidade de cobrança de pedágios.

Para se obter uma ideia da dimensão do problema, basta dizer que quando foi lançado em 1997, o programa Scut previa o lançamento de 6 autoestradas (uma sétima foi pouco depois acrescentada ao programa), com um custo de construção estimado de 1,34 bilhões de euros. Hoje, contabilizando as alterações aos projetos iniciais e os reequilíbrios financeiros já pedidos, o custo de construção estimado situa-se nos 3,675 bilhões de euros, ou seja, 175% (cento e setenta e cinco por cento) mais.

Para solucionar o problema, o governo português tem defendido a introdução de pedágios nas autoestradas tipo Scut, enquadrando-se assim na defesa do princípio do utilizador-pagador, como sendo o que mais respeita critérios de equidade, justiça e racionalidade. A introdução de pedágios visa também permitir a liberação de verbas orçamentárias para outras ações fundamentais, como a conservação e a segurança das estradas, a construção ou melhoramento de vias alternativas e a continuidade do Plano Rodoviário Nacional.

4.3. A Experiência do Chile

O programa de PPP no Chile foi implementado a partir do ano de 1993, quando o Ministério de Obras Públicas incentivou o setor privado a participar dos investimentos que o país necessitava, por meio do sistema de concessões. Neste primeiro momento, foi celebrada com a iniciativa privada – empresas nacionais e estrangeiras – uma série se contratos do tipo DBFO, em que o concessionário é obrigado a financiar, construir, operar e transferir a obra para o Estado ao término do contrato.

Usando como justificativa a necessidade de superar as deficiências em infraestrutura que limitavam o desenvolvimento do país, o Estado estabelece um amplo diálogo com todos os setores políticos do país e consegue aprovar por unanimidade o marco legal para os contratos de concessão.

O problema parecia estar bem claro para todos os atores envolvidos, o país necessitava de investimentos da ordem de US$ 12,5 bilhões para o período 1995-1999 e as perdas de competitividade da economia por força da falta de infraestrutura era de superior a US$ 2,3 bilhões anualmente.

A falta de investimentos atingia principalmente a infraestrutura de transportes em diversas regiões chilenas, caracterizadas pela alta taxa de utilização das rodovias, especialmente por veículos de carga, provocando enormes congestionamentos nas cidades mais desenvolvidas e contribuindo para a elevação do número de acidentes de trânsito.

Em função disso, o programa chileno de PPP definiu três linhas de ação principais: **(i)** infraestrutura para a integração social, **(ii)** infraestrutura para a integração internacional e **(iii)** infraestrutura para o desenvolvimento produtivo.

Tabela 3 - Experiência de PPP no Chile

Tipo de Projeto	Número de Projetos	Valor (em milhões de US$)
Estradas Interurbanas	20	3.805
Transportes Urbanos	9	1.822
Aeroportos	10	272
Penitenciárias	8	205
Represas	2	140
Edificações Públicas	4	114
Mega Ponte	1	410
Total	**54**	**6.768**

FONTE: Ministério de Obras Públicas – Coordenação Geral de Concessões

Animado com os resultados positivos alcançados pelos projetos de parceria, o governo chileno trabalhou com afinco no lançamento da carteira de projetos do período 2005-2007.

Embora a infraestrutura de transportes continue absorvendo a maior parte dos recursos, a novidade nesta segunda fase é a inclusão do Programa de Complexos Hospitalares e a ampliação do Programa de Infraestrutura Penitenciária com mais 08 (oito) projetos.

Por ser palco das primeiras e mais profundas reformas orientadas para o mercado na América Latina, o Chile oferece grandes lições para as nações interessadas em promover o financiamento de seu processo de desenvolvimento a partir de parcerias com a iniciativa privada.

A primeira lição diz respeito à efetividade das mudanças implementadas neste país, pois pelo menos sob o ponto de vista do fomento ao investimento privado, conforme pode ser verificado na Figura 3, é inegável o sucesso alcançado pelos chilenos.

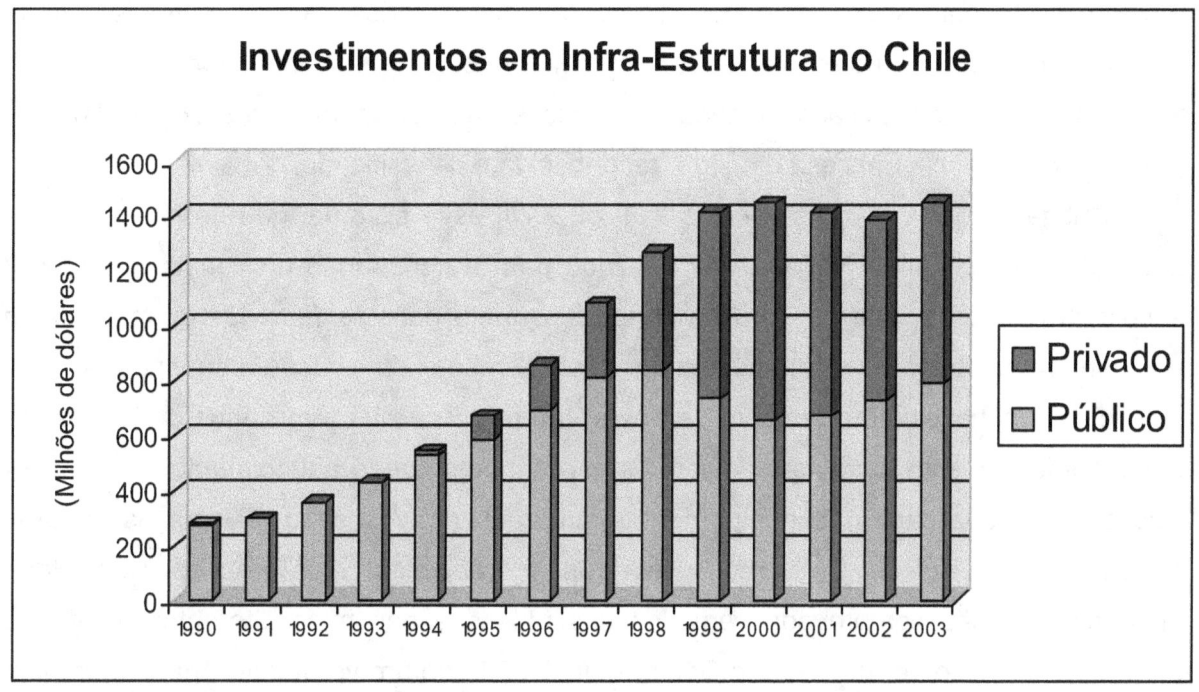

Outra questão importante que precisa ser ressaltada diz respeito à necessidade de recuperação do investimento público. Ou seja, a parceria com o setor privado, ao contrário do que muitos têm pregado, não implica a substituição do Estado pelo mercado. Desta forma, verifica-se que a experiência vivenciada pelo Chile pode exemplificar a realidade de muitos países da região, de criar um ambiente institucional propício à celebração dos contratos de parceria e, ao mesmo tempo, articular políticas de recuperação da capacidade estatal de investimento.

Por último, cabe lembrar que o modelo chileno tenta incorporar um conceito fundamental na prestação de serviços públicos que é a equidade. Isto significa que o setor público passa a adotar instrumentos de financiamento em que os beneficiários diretos pagam pela utilização dos equipamentos, permitindo ao Estado liberar recursos destinados a projetos de maior impacto social, como a educação e saúde, por exemplo.

4.4. A Experiência da França

Embora seja de longa data a prática francesa em estabelecer parcerias com o setor privado, é somente após a segunda guerra mundial que as relações entre as diversas instâncias do Estado e do setor privado assumem um caráter mais inovador.

Em matéria de gestão delegada de serviços públicos, conforme salienta Martinand (1996), a experiência francesa é antiga, reconhecida e diversificada.

Antiga porque desde os séculos XVII ou XVIII esse sistema, que de fato remonta a antiguidade greco-latina, voltou a ser utilizado para a construção de canais e pontes. O século XIX foi o período de ouro da concessão tanto para as ferrovias quanto para os equipamentos urbanos em geral, como água, saneamento, iluminação e transportes.

Seu reconhecimento também se deve ao fato de que há trinta anos o sistema teve novo desdobramento, com as rodovias, os estacionamentos, o aquecimento urbano. Com isso outras modalidades de equipamentos surgiram: a TV a cabo, TV por assinatura e mesmo os presídios. Os êxitos de grupos franceses em grandes consultorias internacionais são comprovados em diversos países e nas mais diferentes regiões do mundo. Em função de tudo isso, o Banco Mundial fala de um verdadeiro "modelo francês" de gestão delegada.

Por fim, MARTINAND (1996) classifica a experiência francesa como **diversificada** por considerar que as soluções testadas variam bastante quanto ao conteúdo (exploração, concepção, construção); quanto ao objeto (infraestrutura ou serviço) e quanto aos tipos de concessionários, que podem ser públicos, privados ou mistos.

A experiência de parceria entre o setor público e o setor privado na França apresentou êxitos notáveis, como no caso da água, por exemplo, mas também alguns fracassos, não menos ricos em ensinamentos, como no caso do Orlyval (linha privada de metrô ligando o aeroporto de Orly, próximo a Paris, à rede metroviária pública) e de algumas concessões privadas de rodovias.

Tabela 4 – Experiência de PPP na França

Setor	Projeto	Características
Transportes	Ponte da Normandia	Obra destinada a ligar as duas margens do Rio Sena, foi financiada por um consórcio internacional de 20 bancos.
Águas e Saneamento	Distribuição de água e	Gestão descentralizada sob o controle de um

	coleta de esgoto.	organismo regulador municipal e edificada na modalidade jurídica do arrendamento.
Transportes	Trens de Alta Velocidade (TGV)	Plano diretor de linhas de alta velocidade composto por 10 projetos novos e modelo de financiamento baseado na rentabilidade.
Transportes	As Autoestradas	Sistema de financiamento baseado em contratos de longa duração, regra tarifária clara, regras contábeis adequadas e compartilhamento de riscos com o Estado.
Transportes	Transportes Urbanos	Modelo baseado em contrato entre as autoridades organizadoras e os exploradores do serviço. O desenvolvimento dos projetos apresentou distorções em relação ao planejado.
Transportes	O Eurotúnel	Uma empresa totalmente privada encarregou-se do financiamento, construção e exploração, num quadro de concessão de 55 anos.
Telecomunicações	TV a Cabo	Três modelos diferentes de financiamento: Financiada pela França Telecom que concede seu uso, mediante uma taxa, a um operador privado; concessão feita por uma administração local a um operador privado e as redes cuja realização requer o envolvimento financeiro das autoridades locais.

FONTE: Ministério Francês do Equipamento, Habitação, Transporte e Turismo

Talvez o grande ensinamento que pode ser retirado da experiência francesa seja a **inexistência de um modelo de contrato de financiamento aplicável a todas as operações**, explica Martinand (1996). Em contrapartida, pode-se identificar um conjunto de parâmetros jurídico-econômicos comuns a que convém levar em conta, parâmetros que interagem uns sobre os outros de forma a assegurar o equilíbrio econômico financeiro de uma concessão de serviço público na sua totalidade. Esses parâmetros, que incluem custo e frequência, deveriam ocupar mais a atenção da autoridade concedente que as cláusulas técnicas propriamente ditas.

V. ANÁLISE DA APLICAÇÃO DA PPP NO MUNDO EM 2006

5.1. Uma visão da aplicação da Parceria Público-Privada no mundo em 2006

Este capítulo busca estabelecer um parêntese para comentar uma pesquisa sobre Parceria Público-Privada (PPP) de um ano (julho de 2005 a julho de 2006) realizada em 12 (doze) países por Pierre Bernheim e Alexix Duprez (PPP International) em parceria com as equipes de *Project Finance* da Ernst & Young e de que Luiz Ferreira Xavier Borges (AJ/COJOP) participou na parte relativa ao Brasil, de modo a tornar ainda mais fática a aplicação dos termos trazidos nos capítulos anteriores. O objetivo do trabalho foi trazer uma nova visão sobre o tema da PPP, mostrando sua transformação e adaptações às realidades nacionais, econômicas e sociais durante os últimos cinco anos (considerando limite 2006) em que vêm sendo aplicadas nos países estudados.

Os pesquisadores entrevistaram profissionais de PPP em cinco continentes para desenhar em cada um dos países o arcabouço jurídico, o ambiente financeiro e os elementos políticos, agregando estudo de casos em cada um deles. O trabalho também procurou identificar os participantes mais importantes e as perspectivas futuras da PPP, bem como elencar as boas práticas e as soluções inovadoras encontradas.

Uma síntese das conclusões desse trabalho foi apresentada em uma conferência em Paris em novembro de 2006, de onde foram tiradas as informações comentadas neste texto e resumidas em Seminário no BNDES em 10.05.07, com a autorização dos autores.

O trabalho envolveu um grande número (especificado entre parênteses) de entrevistas com representantes tanto do setor público como do setor privado em doze países: França (20) e Reino Unido (15) na Europa; Brasil (12), Canadá (9), Estados Unidos (18) e México (13) nas Américas; China (12), Índia (14) e Japão (13) na Ásia: e África do Sul (13) e Marrocos (11) na África. Para os objetivos da pesquisa, esses países foram escolhidos segundo três critérios: (i) experiência existente em PPP, (ii) capacidade demonstrada de realizar projetos complexos e a (iii) demanda por serviços públicos e por projetos de infraestrutura.

A pesquisa focalizou os setores prediletos desse tipo de contrato: saúde, educação, prisões, aeroportos, projetos sociais, ferrovias, imóveis públicos e estradas. Algumas constatações iniciais apontaram as importantes disparidades nacionais tanto quanto ao número de projetos contratados quanto sobre a capacidade dos países de realizar operações com contratos tão complexos.

Panorama do desenvolvimento da PPP no mundo

O desenvolvimento da PPP está em patamares muito diferentes nos países estudados. A matriz adiante posiciona os países em função do início dos primeiros contratos e do número de contratos assinados. França e China não foram incluídos na matriz, pois os números de operações francesas não podem ser perfeitamente encaixadas nas classes da pesquisa, diante de uma sofisticação da legislação que admite interpretações contraditórias, e os números chineses não estão disponíveis consolidados pela gigantesca capilaridade do processo, que é mais municipal que regional ou nacional. A análise permite distinguir três categorias de países: (i) países maduros, (ii) países com potencial futuro e (iii) países iniciantes.

i) Países maduros (Reino Unido, Austrália e Japão): o Reino Unido distingue-se dos outros países estudados por conta da grande quantidade de contratos assinados (mais ou menos 48 por ano) e pela antiguidade dos primeiros projetos. Austrália e Japão assinaram um número importante de contratos em um lapso curto de tempo. No Japão, destaca-se o fato de pouquíssimos contratos ultrapassarem cem milhões de euros, sendo que a maioria está em torno de vinte milhões de euros. Nesses três países a utilização de contratos de PPP já se generalizou e o número de contratos anuais está estabilizado. O investimento público através de PPP representa cerca de 8% (oito por cento) na Austrália e de 10% (dez por cento) no Reino Unido.

ii) Países com potencial futuro (Índia, Canadá, França, Brasil, Estados Unidos, México e África do Sul): em geral, as legislações específicas sobre PPP desses países são posteriores a 2003 e é necessário, pelo menos, mais de dois anos para seguir todos os passos necessários para vir a contratar um projeto de uma parceria dessa natureza. São países que, embora tenham poucos contratos já assinados, têm perspectivas muito boas de desenvolver essa modalidade de investimento.

iii) Países iniciantes (China e Marrocos): estão com projetos piloto de PPP em fase de experimentação e seus resultados condicionarão a perspectiva de seu desenvolvimento.

Seguramente, o estudo indica um potencial importante para países de rápido crescimento. Brasil, Estados Unidos, México, Índia e China, todos atores importantes na economia mundial, têm grandes necessidades de investimento em infraestrutura. Cada um desses países identificou a PPP como uma solução para financiar investimentos públicos.

Os setores privilegiados pela PPP: hospitais e transportes. O setor mais visado para a utilização de PPP é o de **transportes**. Onze (em doze) países já contrataram projetos de PPP nos segmentos de estradas ou ferroviários. Quase a metade dos países estudados está envolvida em uma PPP nos setores de saúde, educação e de habitação. Outro tanto tem PPP planejadas para projetos de abrigos públicos, aeroportos e infraestruturas turísticas, embora ainda em estado muito inicial, mesmo que esses setores sejam considerados pela maioria dos entrevistados como de forte potencial de crescimento.

A conclusão preliminar do estudo indica que as formas de parceria entre os setores público e privado ganharam um novo impulso pela implantação do modelo inglês de PFI. A implantação da PPP foi feita em função da história de cada um dos países estudados e de seu contexto econômico e político.

Conclusões iniciais da pesquisa

A experiência duradoura no Reino Unido e na Austrália permitem concluir que as operações de PPP tendem a estabilizar-se em cerca de 10% (dez por cento) do investimento público (faixa de utilização no espectro). Outra conclusão do estudo seria a de que o potencial de desenvolvimento e a segurança jurídica de cada país definem o potencial de crescimento desse mercado (França, Índia e EUA parecem ser os mais promissores).

Quaisquer que sejam as perspectivas, a PPP não será o principal meio de financiamento desses investimentos, por sua complexidade de licitação e pelos seus custos. A pesquisa termina com uma avaliação país a país sobre as operações de PPP, conforme adiante:

África do Sul: Adoção em 1999 de uma legislação de PPP inspirada no PFI britânico, com a criação de uma Unidade de PPP. Prioridade política para BEE – Black Economic Empowerment, ou seja, uma política de quotas de empregos para a inclusão da população negra. Em 2006, havia treze projetos contratados em diversos setores, com predominância para saúde (hospitais). Aproveitando a Copa do Mundo de 2010, há cerca de 50 (cinquenta) projetos de PPP identificados em novos setores, como turismo, relativizando a BEE – *Black Economic Empowerment*, que visa integrar populações excluídas através de quotas.

Austrália: PPP se inicia como concessões rodoviárias durante os anos 1990. Os seis Estados australianos não sofrem restrição orçamentária e a PPP é feita pelo *Value for Money* ou transferência de risco para manter *rating* elevado. Atualmente a PPP avança em projetos hospitalares, de educação e de conjuntos habitacionais. Destaque para a busca de receitas acessórias. As PPP representam de 7% (sete por cento) a 8% (oito por cento) das despesas públicas totais. O Estado de Vitória tem 10% (dez por cento) em PPP como objetivo estratégico institucional.

Canadá: A PPP foi adotada segundo o modelo britânico em três províncias (Britsh Columbia, Quebec e Ontário) entre as dez da federação (mais três territórios), por restrições orçamentárias para investimentos. Em 2006 havia onze projetos assinados na British Columbia. Ontário apenas um, mas lançou quinze novos, a maioria de hospitais.

O futuro da PPP canadense (provincial) parece promissor, especialmente para infraestruturas de saúde e de transportes.

China: Em 1994 a China lançou vários projetos piloto de PPP nos setores de água e de eletricidade. Em 2004 introduziu um novo conceito de "concessões" para infraestrutura urbana em BOT. Não há uma política geral de PPP, apenas atividades locais ou setoriais. Destacam-se dois projetos metroviários em Pequim e diversas estradas no sul do país.

Empreiteiras locais ganham das internacionais em custos

EUA: O financiamento das rodovias depois da II Guerra Mundial usou uma taxa federal para financiar construção e manutenção, reversíveis aos Estados. Hoje, essas taxas não cobrem a manutenção. Cerca de quinze Estados estão fazendo PPP para financiar essas rodovias, sob diferentes formas. Não há legislação própria e há uma grande diversidade estadual, mas uma grande liquidez permite uma busca de projetos a despeito do risco nesse mercado. Projetos de construção de unidades sociais costumam estar ligados a incorporações imobiliárias.

França: Tem longa tradição de PPP e serve como o paradigma latino. BOT da Tour Eiffel em 1887. Regime de concessões não permitia recorrer ao setor privado para construir, financiar e operar uma infraestrutura pública com contrapartida do poder público.

Nova legislação de 2002 a 2004. Uso de agências regulatórias setoriais, aproximando-se do modelo inglês. Possui um sofisticado sistema financeiro para PPP, atendendo a setores hospitalar, prisional, educação e de transportes.

Índia: Modelo britânico de PFI. Prioridade para infraestrutura aeroportuária (124 projetos de novos aeroportos) e de transportes terrestres. Primeiros projetos de estradas em 1997. Modelo preferencial de BOOT (*Built, Own, Operate and Transfer*). Mercado em expansão com o crescimento econômico do país.

Japão: Limites de endividamento estatal com a crise dos anos 90. Introdução da PPP por lei de 1999, com base no modelo britânico. Até 2006, 240 projetos de PPP estavam em andamento (média de 20 a 25 milhões de euros). Aeroporto de Haneda (1,5 bilhão de euros) sinaliza um novo patamar de projetos grandes. Dificuldades para empresas estrangeiras operarem. Setores de hospitais, prisões, tratamento de água e de dejetos.

Marrocos: Lei de PPP de 2006, segundo o modelo legal latino. Há somente dois projetos em estudos: uma usina térmica e um projeto de irrigação. Grande interesse em projetos de desenvolvimento de infraestrutura turística. Dúvidas sobre sua efetividade, diante do risco político e do escopo dos projetos, como em alguns países latino-americanos.

México: Modelo PFI na Unidade Federal (Ministério da Economia). Legislação nova em 2003 e 2004. Cerca de 20 (vinte) projetos nos setores de saúde educação e transportes (2 assinados e 3 em fase de recurso judicial). 31 estados da federação mexicana incluíram PPP em seus programas de investimentos.

Reino Unido: Referência internacional, com 10% (dez por cento) do investimento público realizado. Foco no Value for Money, PPP Unit e "estandardização" de contratos em vez de legislação própria. 700 (setecentos) projetos em curso, representando £ 40 MM. Setores principais: transportes, saúde (alguns fracassos) e educação. Orientação nova para projetos ambientais e de energia renovável.

Brasil: Restrição orçamentária (LRF) *versus* gargalos do crescimento. Legislação Federal (Lei nº 11.079 de 30/12/2004) e estaduais. Ministério do Planejamento Orçamento e Gestão coordena o processo federal: PPA (2004/07) contém as prioridades (estradas e prisões). Mescla entre paradigmas latinos e PFI. Projetos estaduais saem primeiro em um ambiente que só não é de incerteza pela continuidade do modelo pela reeleição presidencial em 2006. Financiamentos privados ou públicos: Caixa Econômica Federal (CEF), Banco do Brasil (BB), Banco Nacional do Desenvolvimento (BNDES) e BNDESPAR.

Além dos dados apresentados pela pesquisa, deve-se ainda considerar que a PPP parece significar nos países em que ela se tornou uma experiência vitoriosa, uma mudança expressiva na forma de atuação do Estado, podendo encaixar-se como uma das tentativas de Reforma do Estado experimentadas desde o final do século XX.

VI. CONSIDERAÇÕES FINAIS

Dentre os fatores que limitaram os resultados alcançados por este estudo, não podemos deixar de destacar pelo menos dois deles. O primeiro é que grande parte dos dados secundários nos quais nos apoiamos para desenvolver a nossa análise foram elaborados por instituições oficiais de cada país estudado. Portanto, é possível que estas informações possam carecer de uma apreciação mais crítica e de um olhar mais isento sobre os resultados dos diferentes programas de parceria.

Outra ressalva de igual relevância diz respeito às diferenças na profundidade das informações levantadas sobre a experiência de cada país. Dessa forma, fica prejudicada uma análise comparativa das diversas experiências, em função da dificuldade em construir um quadro analítico com enfoques de amplitudes similares.

Não podemos deixar de defender a necessidade, para estudos futuros, de se empreender um esforço na tentativa de identificar o modelo institucional de gestão do programa de parceria público-privada, nos principais países onde esta modalidade de delegação foi implementada, pois a partir das experiências analisadas aqui, cremos que no modelo de gestão pode estar parte da explicação para o sucesso e para os problemas detectados.

A partir do que observamos, cremos que a PPP não é o único método para se obter o financiamento e a realização de um projeto. O que ela oferece não pode ser encarado como solução definitiva nem apenas como saída para a crise de financiamento vivida pelo setor público, mas deve ser utilizada somente quando apropriado e na hipótese em que oferecer claramente vantagens e benefícios.

Além disso, é preciso lembrar-se da diversidade entre as estruturas de PPP que deverão ser selecionadas segundo o tipo de projeto, necessidades e setor. Não existe um modelo perfeito que possa se aplicado a todas as situações. Cada tipo de PPP tem seus pontos fortes e fracos inerentes, que precisam ser reconhecidos e integrados ao desenho dos projetos.

Ainda a guisa de conclusão, queremos destacar algumas características dos processos de implantação de PPP comuns aos diversos países que foram abordados pelo presente estudo. A PPP é apresentada não apenas como alternativa para a crise de financiamento, mas existe a crença de que elas representam uma nova forma de prover melhores serviços públicos e infraestrutura de maneira mais rápida e eficiente.

Ademais, são promovidas alterações na legislação, bem como a criação de um ambiente institucional adequado ao desenvolvimento das parcerias e são criadas as unidades de PPP para gerenciar os programas, os quais são iniciados a partir da montagem e execução de projetos pilotos.

De modo geral, podemos afirmar que os principais êxitos alcançados pelas PPPs nestes países são (i) a viabilização de um volume de investimentos superior ao que seria possível com os mecanismos tradicionais; (ii) a execução mais rápida dos projetos; (iii) uma melhor alocação dos recursos; (iv) melhor qualidade dos serviços e (v) incentivo à melhoria do desempenho.

Entretanto, embora as PPPs possam representar diversas vantagens, deve ser lembrado que esses esquemas são complexos de projetar, implementar e administrar. Em nenhuma hipótese elas constituem a única opção ou a opção preferencial, e devem ser consideradas **apenas** se puder ser demonstrado que elas poderão gerar **valor adicional** em comparação a outras abordagens, se existir uma estrutura de implementação efetiva e se os objetivos de todas as partes puderem ser atingidos com a parceria.

A Parceria Público-Privada deve ser encarada como uma opção entre uma série de alternativas possíveis, apenas quando a situação e as características dos projetos o permitirem e onde possam ser claramente demonstrados benefícios e vantagens. Com efeito, a consideração da PPP não deve excluir outras opções, inclusive os tradicionais modelos de envolvimento do setor privado em provisão de serviços públicos.

VII. BIBLIOGRAFIA

ARAGÃO, Alexandre Santos de. **As parcerias público-privadas – PPPs no direito positivo brasileiro**. Revista dos Tribunais, São Paulo, v. 94., n.839, set. 2005.

DI PIETRO, Maria Sylvia Zanella. **Direito Administrativo**. 19 ed. São Paulo: Atlas, 2006.

JUSTEN FILHO, Marçal. **Teoria Geral das Concessões de Serviço Público**. São Paulo: Dialética, 2003.

MELLO, Celso Antônio Bandeira de. **Curso de Direito Administrativo**. 20 ed. São Paulo: Malheiros, 2006.

RIVA, Ignácio M. de la. **Ayudas Públicas: Incidencia de la intervención estatal en el funcionamien-to del mercado**. Buenos Aires: Hammurabi, 2004.

SUNDFELD, Carlos Ari (Coord.). **Parcerias Público-Privadas**. São Paulo: Malheiros, 2005.

BARBOSA, Bárbara Moreira; SILVEIRA, Antonio Henrique Pinheiro. **Parceria Público-Privada: compreendendo o modelo brasileiro**. Revista do Serviço Público, Brasília, vol. 56, n°1, p. 7-21, Jan/Mar 2005.

CARVALHO, Maria Christina. **PPP Inglês tem 450 Projetos em Operação**. Jornal Valor Econômico. São Paulo, p. 4, 12 mar 2004.

FARIA, José Eduardo (Org.). **Regulação, Direito e Democracia**. São Paulo: Editora Fundação Perseu Abramo, 2002.

GOVERNO DO ESTADO DE MINAS GERAIS. Luiz Antônio Athayde. Subsecretário de Assuntos Internacionais. **Panorama das PPP no Brasil e os Desafios à Frente**. Disponível em: <http://www.ppp.mg.gov.br/downloads.htm>. Acesso em: 26 set 2005.

KOGAN, Jorge H.. **Evolução Recente da Participação Público-Privada no Setor de Transportes**. In: Seminário Parceria Público-Privada no Setor de Transportes no Brasil, Brasília, 2005. Disponível em http://www.antt.gov.br/destaques/seminario_ppp/apresentacao.asp> Acesso em: 18 de ago 2005.

MATTOS, Paulo Todescan Lessa. Regulação Econômica e Democracia: contexto e perspectivas na compreensão das agências de regulação no Brasil. In: FARIA, José Eduardo (Org.). **Regulação, Direito e Democracia**. São Paulo: Editora Fundação Perseu Abramo, 2002.

MENEZES, Ana Maria Ferreira. **Desenvolvimento econômico sustentável e seu financiamento: uma análise da parceria público-privada**. Revista Desenbahia, Salvador, v. 02, n. 03. set 2005. p. 223-240.

MEDEIROS, Janann Joslin. *et al.* **Parcerias Público-Privadas: uma Proposta Analítica Preliminar.** In: Anais do ENANPAD, 2002,

MINISTÉRIO DAS OBRAS PÚBLICAS, TRANSPORTES E COMUNICAÇÕES DO CHILE. **Carteira de Projetos de Concessões 2005 – 2007.** Santiago, 2005. Disponível em <http://www.moptt.cl/documentos/concesiones_cartera_projetos_2005_2007.pdf. Acesso em: 15 set. 2005.

MINISTERIO DO PLANEJAMENTO. **Parcerias Público-Privadas: Experiências Internacionais.** Brasília, 2005. Disponível em:< http://www.planejamento.gov.br/ppp/conteudo/Experiencia_Internacional/index.htm>. Acesso em: 22 jul. 2005.

MOTTA, Paulo Roberto Ferreira. **Agências Reguladoras**. Barueri: Manole, 2003.

UNIÃO EUROPÉIA. Comissão Européia - Diretoria Geral. **Diretrizes para Parcerias Público-Privadas Bem-Sucedidas.** Traduzido e revisado pela KPMG. Disponível em: <http://europa.eu.int/comm/regional_policy/sources/docgener/guides/pppguide.htm>. Acesso em: 12 out. 2005.

www.ingramcontent.com/pod-product-compliance
Lightning Source LLC
Chambersburg PA
CBHW081623220526
45468CB00010B/3001